BASIC DICTIONARY

Learning a New Tongue

An English - Euskara

by

Timothy P. Banse

MIDDLE COAST PUBLISHING

BASIC BASQUE DICTIONARY :
LEARNING EUSKARA ONE WORD AT A TIME

Publishers Cataloging in Publication Data
Banse, Timothy P.
Basic Basque Dictionary: Learning Euskara One Word at a Time
(The Middle Coast Publishing Language Series)
1. Basque Language - - Dialects - -Pais Vasco - - Dictionaries. 2. Basque Language -Pais Vasco I. Title.

ISBN 978-0-934523-45-5 Print
ISBN 978-0-934523-46-2 E-book

Copyright © 2016 by Timothy P. Banse - All rights reserved.

editor@Middle-Coast-Publishing.com

Middle Coast Publishing
2623 Terrace Drive #23
Cedar Falls, Iowa 50613

No part of this book may be reproduced in any form or by any electronic or mechanical means including information storage and retrieval systems without permission in writing from the publisher, except by a reviewer who may quote brief passages in a review.

Disclaimer of Liabilities: Due care has been exercised in the preparation of this book to insure its effectiveness. The author and publisher make no warranty, expressed or implied, with respect to the programs or other contents of this book. In no event will the author or publisher be liable for direct, indirect. Incidental, or consequential damages in connection with or arising from the furnishing, performance, or use of this book.

DEDICATION

This book is dedicated to my family in Bilbo and Durango: Amaia Valverde Astigarraga, Jon Ander, Miren Bego Astigarraga Cortazar, and Andrés Valverde. To all of you, thank you for inspiring my love of Euskal Herria's language, culture and people.

> Timothy P. Banse
> *Osaba Amerikanuak*

VOCABULARY
HIZTEGIA

A

accident - istripu
acquaintance - ezagun
address - helbide
adequate - egoki
adult game - joko
afternoon - arratsalde
age - adin
airplane - hegazkin (a)
alive - bizirik
all of: us, you, them - denok
always - beti
amaze - harritu
amazingly - harrituta
analyze - azter
angrily - haserre
angry - petral
answer - erantzun
ant - inurri
appear - ageri
appetizers - sarrera
apple - sagarra
apple cider - sagarrardoa
arch - arku (a)
area, district - auzo (a)
arm - beso
armchair besaulkia

arrive - iritsi
arrive - heldu
ascend - igo
ashamedly - lotsaturik
ask - galdetu
ask for - eskatu
aspect - itxura
association - elkarte
at risk - arriskuan
atmosphere - giro
attach - itsatsi
attempt - saiatu
aunt - izeba

B

baby - haur
back - azte (a)
bad - txar
badly - gaizki
bag - poltsa
bakery - okintegi
balloon - puxika
banana - platano
bank note - bilete
bar - taberna
basket – saski
Basque region – Euskal Herria
Basque - Euskalduna
Basques (the) - Euskaldunak
bat - sagutzar
bathe - bainatu
bathroom - komun
bathroom sink - lababo
bathroom sink - konketa

bathtub - bainu-ontzi
beach - hondartza
beans - babarrun
beans - indaba
beard - bizar
beautiful - eder
become - jarri
bed - ohe
bedroom - logela
bee - erle
beef - haragi
beer - garagardoa
before - lehen
beg - eskatu
behave - portatu
believe - sinestu
believe - uste
belt - gerriko
beret - txapel
bicycle - txirrindula
bicycle - bizikleta
big - handi
bird - txori
bite - kosk
blackboard - arbel
boar - basurde
boat - txalupa
body - soin
body - gorputz
bone - hezur
book - liburu
boot - bota
bore - aspertu

boring - aspergarri
boredly - aspertuta
born - jaio
born - sortu
bottle - botila
boyfriend - senargai
branch - adar
bread - ogi
break - apurtu
breakdown - hondatu
breakfast - gosaldu
breakfast - gosari
bridge - zubi
briefcase - kartera
bring - ekarri
bring together - hurbildu
broken - puskatuta
broken down - hondatuta
brother - anaia
bull - zezen
burn - erre
bus - autobus
bush - sasi
businessman - enpresari
butterfly - pinpilinpauxa
buy - erosi

C

calendar - egutegi
call - deitu
call - dei
calm - lasai

calmly - lasai
can - ahal
cannot - ezin
car - kotxe
careful - kontuz
carry - eraman
cart - gurdi
castle - gaztelu
cat - katu
catch - harrapatu
cave - leize
century - mende
chain - katea
chair - aulki
champion - txapeldun
championship - txapelketa
charge - kobratu
cheap - merke
cheese - gazta
cherry - gerezi
chicken - oilasko
chimney - tximini
chin - kokotz
church - eliza
city - hiri
city dweller - kaletar
city square - enparantza
class - klasea
clean - garbi
clean - garbitu
clear - zabaldu
climb - igo
clock - erloju

close - min
close - itxi
close friend - adiskide
closed - itxi
closed - itxita
cloth - zapi
clothes - jantzi
clothes arropa
cloud - hodei
clown - pailaso
clowns - pailasoak
clumsy - trakets
coal - ikatz
coin - txanpon
cold - hotz
come - etorri
compete - jokatu
complain - kexatu
complain - kexa egin
complete - osatu
confess - aitortu
confuse - nahastu
congregate - bildu
content - pozik
continue - jarraitu
cookie - gaileta
cork - kortxo
corkscrew - sakakortxo
corn tortilla - talo
correctly - zuzen
cotton - kotoi
cough - eztul
country - herri

countryside - mendialde (a) -
cousin-female - lehengusina
cousin-male - lehengusu
cow - behi
crab - karramarro
cricket - kilkir
crocodile - krokodrilo
cross - zeharkatu
cross - gurutze
cry - negar egin
crying - negarrez
cupboard - armairu
curly - kizkur
custom - ohitura
cut - ebaki
cut -moztu

D

damn - madarikatu
dance - dantza egin
dance - dantzaldi
daughter - alaba
day - egun
day after tomorrow - etzi, biharamun
day before yesterday - herenegun
debt - zor
decend - jaitsi
decide - erabaki
deep - sakon
department - sail
desert - basamortu

desire - gogo
desire - nahi
Basque dialect - euskalki
die - hil
difficult - zail
dine - afaldu
dining room - jangela
dinner - afari
direction - norabide
dirty - zikin
dirty - zikindu
dish - platera
do - egin
doctor -sendagile
dog - txakurra, zakur
doing (past) - aritu
doing - ari
donkey - asto
door - ate
draw - marraztu
drawer - kajoi
dream - amets egin
dress - jantzi
drill - ariketa
drink - edan
drink - edari
drive - gidatu
drop - jausi
drop - bota
drop - tanta
drum - danbor
drunk - mozkor
drunk - mozkorti

dry - lehortu
dwarf - ipotz

E

each other - elkar
ear - belarri
early - goiz
earring - belarritako
earthquake - lurrikara
east - ekialde
easy - errez
eat - jan
effort - ahalegin
egg - arrautza
elegant - dotore
elephant - elefante
embassassedly - lotsaturik
empty - hutsik
empty - hustu
encounter - aurkitu
enemy - etsai
enough of - nahiko
enter - sartu
entrance - sarrera
envelope - gutunazal
equal - berdin
event - saio
everything, all - den
exam - azterketa
example - adibide
excellent - bikain
excuse - aitzakia

exercise - ariketa
expensive - garesti
explain - azaldu
eye - begi

F

face - aurpegi
fall - erori
fall - udazken
fall asleep - lo hartu
family name - deitura
far - urruti
farm - baserri
farmer - baserritar
fascinatedly - liluratuta
far away - urruti
fast - azkar
fat - lodi
fat - gizen
father - aita
fed up - nazkatuta
feel - sentitu
fiesta - jai
fight - borrokatu
fight - borroka
fill - bete
find - aurkitu
fine - isuna
finger - atzamar
finish - amaitu
finish - bukatu
fire - su

fireplace -sutondo
friend laguna
fireplace - sutegi
fireplace -tximeneta
first lehen
fish - arrantzan ari
fish - arrantzuan ari
fish - arrain
fishing - arrantza
fishing - arrantzu
flame - gar
flee - ihes egin
flirt - ligatu
floor - lur
flower - lore
flower store (florist) - loradenda
fly - hegaz egin
foam - bitsa
fog - laino
fog - lanbro
food - janari
fool - iruzur egin
fool - engainatu
foot - oin
forest - baso
forget - ahaztu
forget - ahantzi
fork - sardeska
fountain -iturri
forth laugarren
free - askatu
free of charge dohain
freed - askatuta

fresh - fresko
friend - lagun
frighten - ikaratu
frog - igel
front - aurre (a)
fry - prijitu
fry - prejitu
fry - frijitu
full - beteta
full month - hilabete
funeral - hileta
funny - barregarri
furniture - altzari
fussy -mizkin

G

game - partidu
game - jolas
garlic - baratzuri
gentle - xamurra
gesture - keinu
get up - jaiki
get up - altxatu
ghost - mamu
gift - opari
giraff - jirafa
girlfriend - andragai
give - eman
give notice - abisatu
gladly - gustura
glasses - betaurreko
glory - aintza

glove - eskularru
go - joan
Good Lord (our) - Jaun Onari.
go out - atera
go out - irten
go to sleep - lotara joan
go to sleep - lo gelditu
goat - ahuntz
God - Jainko
goddess - jainkosa
gold - urre
good - on
grandfather - aitaita
grandmother - amona
grape - mahats
grass - zelai
grasshopper - matxin-salto
group - talde
grow - hazi
guard - gorde
guess - asmatu
guess thoughts - somatu
guess thoughts - igarri
gun - arma
guy - tipo
gym - kiroltegi
gypsy - ijito

H

habit - ohitura
hair - ile
half-assed - erdipurdiko, erdipurdi
ham - urdaiazpiko
hand - esku
hangingly - zintzilik
happening - gertaera
happily - pozik
happy - alai
happy - zoriontsu
hard - gogor
hard working - langile
hare - erbi
hate - gorroto
have an idea - burutatu
head - buru
heal - sendo
heart - bihotz
heavy - astun
help - lagundu
heritage - oinordetza
heritage - herentzi
hide - ezkutatu
hit - jo
hold - eutsi
hole - zulo
holiday - opor
honey - ezti
hope - itxaron
hope - espero izan
hope - itxaropen
hope - esperantza
horse - zaldi
hospital - ospital
hot - bero
hotel - ostatu

hour - ordu
house - etxea
housewife - etxeko-andre
how much, many - zenbar
hug - besarkada
human - giza
humid - heze
hungrily - gose

I

identical - ber (a)
illiterate - eskolagabe
illiterate - analfabeto
imagination - irudimen
important - garrantzitsu
impossibility - ezin
incapable - egonezin
inhabitant - biztanle
inside - barru
intention - asmo
interest - interesatu
interesting - interesgarri
invent - asmatu
investigate - ikertu
invite - gonbidatu
iron - plantxatu
iron - burdina
item - ale

J

jai lai court - pilotaleku (a)

journey - bidaia
jump - jauzi egin
jump - salto
jungle - oihan

K

kangaroo - kanguru
keep - gorde
keg - upel
keg - kupel
key - giltz
kick - ostiko
kill - hil
kiss - musu
kitchen - sukalde
  -- in the kitchen - sukaldean
kitchen sink - harraska
knife - labana, aitzo
know - ezagutu

L

ladder - eskailera
lady - andre
last - azken
last night - bart
last year - iaz
lastly - azkenik
late - berandu
laugh - barre egin
laugh - barre
laying - etzanda

lazy - alfer
leaf - hosto
learn - ikasi
leave - utzi
leek - porru
left - ezker
leg - hanka
lemon - limoi
lesson - ikasgai
lesson - eskarmentu
letter - eskutitz
library - liburutegi
lie - gezur
lift - jaso
light - arin
light - argi
lightning - tximist
lightweight - arin
line - marra
lion - lehoi
listen - entzun
little - txikia
little by little - pixkanaka
living room - egongela
long - luze
look - begiratu
look of - antz
lord - jaun
lose - galdu
lost - galduta
love - maite
luck - zori
luck - zorte

lunch - bazkaldu
lunch - bazkari
lunchtime - jatordu

M

mackerel - txitxarro
make - egin
market - azoka, merkatu
marry - ezkondu
mass - meza
match - partidu
meadow - larre
meat - okela
meat - haragi
meet - elkartu
mention - aipatu
message - mezu
mill - errota
middle, half - erdi (a)
million - milioi
mine - meatze
mirror - ispilua
mischievous - bihurri
miserly - xuhur
mole - sator
money - diru
month - hil
month (an entire) - hila bete
moon - ilargi
more - gehiago
morning - goiz
mother - ama

motorcycle -motor
mountain - mendi
mouse - sagu
moustache - bibote
mouth - aho
move - mugitu
mud -buztina

notice - konturatu
not yet - oraindik ez
now - oraintxe
nude - larru-bizi
number - zenbak
numbers - zenbakiak
nurse -erizain

N

name - izen
narrow - estu
nationalist - abertzale
naughty - gaizto
near - gertu
nearby - hurbil
necessary - beharrezko
neck - lepo
need - behar
needle - orratz
nephew - iloba
nervous - urduri
net - sare
new - berri
newspaper - egunkari
niece - iloba
night - gau
noise - hots
noise - zarata
noon - eguerdi
north - ipar
nose - sudur
notice - ohartu

O

oak tree -haritz
ocean - itxaso
octopus - olagarro
offer - eskaini
office - bulego
often - askotan
oil - olio
oin - foot
old - zahar
on foot/walking - oinez
open - ireki
open - ireki
open - irekita
opinion - uste
opinion - iritzi
order - agindu
ordinary - arrunta
other - beste
outside - kanpo
owe - zor izan
ox -idi

P

packet - zorro
pain - min
paint - margotu
pair - bikote
paper - paper
parrot - loro
part - alde
pass - pasatu
pay - ordaindu
pay - pagatu
peace - bake
pen - luma
pencil - arkatz
people - jende
period of time - epe
peseta - pezeta
photo - argazki
pick up - bildu
pig - txerri
pigeon - uso
place - toki
place of birth - jaioterri
place of work - lantegi
plan - asmo
plane - hegazkin
plant - landare
platter - platera
play - jolastu
plaza plaza
pleasant - atsegin
plot - gidoi
pocket - patrika, sakela
in the pocket - sakelan
polute - kutsatu
poor - txiro, behartzu
poor - lander
poor - pobre
of poor quality - kaskar
port - kai
portion - zati
prank - okerkeria
prefer - nahiago izan
prepare - prestatu
pretty - polit
priest - apaiz
print - aztarna
protect - babestu
proverb - esaera
pull - tira
punish - zigortu
push - bultzatu
push - bultza
put - ipini
put down - utzi
put in - sartu

Q

question - galdera
quickly - arin

R

rabbit - untxi
racket - pala

radio - irrati
rain - euri
ram - aker
raw - gordin
reach level - iritsi
read - irakurri
ready - prest
reason - arrazoi
receive - jaso
recognize - ezagutu
refrigerator - hozkailu
reject - baztertu
remain - geratu
remember - gogoratu
remove - kendu
repair - konpondu
representation - irudi
resevoir - urtegi
respect - begiramen
respect - errespetu
responsibility - ardura
return - itzuli
rich - aberats
right - eskuin
rip - txikitu
river - ibai
road - bide
room - gela
rope - soka
rose - arrosa
rotten - ustel
round - borobil
rubber - goma

rumor - esamesa
run - korrika egin

S

sadly - triste
salesclerk - saltzaile
salt - gatz
Santa Claus - Bizar Zuri
Basque Santa Claus - Olentzero
say - esan
saying - esaera
scare - beldurtu
school - eskola
season - urtaro
second - bigarren
search for - bilatu
see - ikusi
sell - saldu
send - bidali
separate - urrundu
sew - josi
shade - itzal
shaking - dardarka
sheep - ardi
shelf - apal
shepherd - artzain
ship - itsasontzi, untzi
shoe - oinetak
shopping trip - erosketa
short - txiki
short - baju
short - labur

short - motz
shout - oihukatu
shout - oihu
show - erakutsi
shower - dutxatu
shower - dutxa
shy - lotsati
shyily - herabeki
sickly - gaixo
side - bazter
silent - isil
silently - isilik
silly - lelo
simple - tolesgabe
sing - abestu
sing - kantatu
sister of boy - arreba
sister of girl - ahizpa
sit down - jarri
sit down - eseri
situation - egoera
skilled - trebe
skin - larru
sky - zeru
sleep - lo egin
sleeping - lo
sleepy - logura
slender - lirain
slow - motel
slow - geldo
slowly - poliki
small - txiki
smell - usaindu

smile - irribarre
smoke - ke
smooth - leun
smuggler - mugalari
snail - marraskilo
snake - suge
snow - elur
soap - xaboi
soft - bigun
soldier - gudari
solid - sendo
something - zerbait
son - seme
soup - salda
south - hego
space - leku
speak - hitz egin
speak - mintzatu
special - berezi
spider - armiarma
spoon - koilera
sport - kirol
spot - orbain
spring - udaberri
sprinkle - zirimiri
square - karratu
stage - eskenatoki
stairs - eskailera
stamp - sigilu
stamp - seilu
standing - zutik
star - izar
start - hasi

statue, monument - oroitari (a)
stay - geratu
steack - xerra
steal - lapurtu
steal - ohoin
steal - ebatsi
stepmother - ama-orde
stomach - urdai
stomach - tripa
stone - harri
stop - gelditu
stop -geltoki
store - denda
stork - amiamoko
stork - zikoin
story (building) - solairu
straight - lau
strange - bitxi
stranger - ezezagun
strawberry - marrubi
stream - erreka
street - kalea
strength - indar
strong - indartsu
study - ikasi
stupid - tonto
stupid - tuntun
sugar - azukre
suitcase - maleta
summer - uda
summer home - txalet
sun - eguzki
surroundings - ingurru (a)

swallow - enara
sweat - izerdi
sweets - goxoki
swim - igeri egin
symbol - ikur
system - sistema

T

table - mahai
    on the table - mahaian
take - hartu
take away - eraman
talk to - hitz egin
talkative - berritsu
tall - garai
tall - altu
taste - dastatu
taste - probatu
teach - irakatsi
tease - txantxa
tease - trufa
tease - burla
teeth -hortz-haginak
television - telebista
tell - kontatu
temperment - jenio
term - kurtso
territory - lurralde
thanks - eskertu
theater - zinema
there, to that place - hara
thief - lapur

thief - ohoin
thin - mehe
thin - argal
thing - gauza
think - pentsatu
think - uste
third - hirugarren
thirsty - egarri
thought - oroi
thought - gogoeta
thought - gogo
thread - hari
throw - bota
throw - egotzi
thunder - oinaztu-hots
thunder - trumoi
ticket - txartel
tie - lotu
tied - lotua
tiger - tigre
time - aldi
time - denbora
tiring - nekagarri
tiredly - nekatuta
to be izan
today - gaur
together - elkarrekin
tomorrow bihar
tool - tresna
touch - ukitu
touch - ikutu
town herri
track - aztarna

translator - itzultzaile
trashcan - zakarrontzia
transmit - transmititu
treat - gonbidatu
treat - tratatu
tree - zuhaitz
trench - lubaki
trip - bidai
truck - kamioi
truth - egi
turn into - bihurtu
turn off - itzali
turn on - piztu
turtle - dordoka
twig - txotx
twin - biki
twin - bizki
ugly -itsusi

U

ugly - itsusi
umbrella - aterki
umbrella - curitako
uncle - osaba
understand - ulertu
unit - ale
United States Estatu Batuak
university - unibertsitate
use -erabili

V

vegetable - barazki
velocity - lastertasun
velocity - abiada
velocity - abiadura
very best - jator
voice -ahots

W

wait - itxaron
wait - itxoin
wake up - esnatu
wake up - itzarri
walk - ibili
walk - txango
walk - buelta
wall - horma
want - nahi
warm - epel
warning - ohar
washer - garbigailu
watch - zaindu
water - ur
weak - ahul
weather - eguraldi
weekday - astegun
weekend - asteburu
weigh - pisatu
well - ondo
well-behaved - zintzo

west -mendebalde
what - zer
wheat -garia
when - noiz
wheel -gurpil
where - non
whistle - txistu egin
who - nor
why - zergaitik
wide - zabal
widen - zabaldu
widow - alargun
wife - emazte
win - irabazi
wind -haize
wine - ardoa
window - leiho
winter - negu
witch - sorgin
wolf - otso
wood - egur
wool -artile
work - ian
to work - ian egin
workplace - lantegi
worm - har
worriedly - larri
worship - gurtu
write - idatzi
wrongly -oker

Y

year - urte

yesterday - atzo
young - gazte

Countries
Herrialdeak

Australia - Australia
Cambodia - Kanbodia
Canada - Kanada
China - Txina
Egypt - Egipto
England - Ingalaterra
France - Frantzia
Germany - Alemania
Greece - Grezia
India - India
Indonesia - Indonesia
Italy - Italia
Japan - Japonia
Mexico - Mexiko
Morocco - Maroko
Peru - Peru
Spain - Espainia
Thailand - Tailandia
USA - Estatu Batuak

Languages
Hizkuntzak

Arabic - Arabiera
Chinese - Txinera
English - Ingelera
French - Frantseza
German - Alemana
Greek - Greziera
Hebrew - Hebreera
Hindi - Hindi
Italian - Italiera
Japanese - Japoniera
Korean - Korearra
Latin - Latina
Russian - Errusiera
Spanish - Erdera
Urdu - Urdu

Days of the Week
Egunak

Monday - Astelehena
Tuesday - Asteartea
Wednesday - Asteazkena
Thursday - Osteguna
Friday - Ostirala
Saturday - Larunbata
   on Saturday - Larunbatean
Sunday - Igandea

  asteburu -weekend
  last year - iaz

Telling Time

time - denbora
hour - ordu
minute - minutua
second - bigarren

Colors - Kolore

black - beltza
blue - urdina
brown - marroia
gray - grisa
green - orlegia
orange - laranja
purple - morea
red - gorria
white - zuri
yellow - horia

Sizes
Tamaina

big - handia
deep - sakona
long - luze
narrow - estu
short - labur
small - txiki
tall - altu, garaia
thick - lodi
thin - mehe
wide - zabala

Flavours
Dastamen

bitter - mingotsa
fresh - freskoa
salty - gazia
sour - garratz
spicy - min
sweet - gozoa

Qualities
Ezaugarriak

bad - txarra
clean - garbi
dark - iluna
difficult - zaila
dirty - zikina
dry - lehor
easy - erraza
empty - hutsik
expensive - garestia
fast - azkarra
foreign - atzerriko
full - osoa
good - ona
hard - gogorra
heavy - astuna, pisuduna
inexpensive - ekonomikoa
light - argia
local - tokiko
new - berri
noisy - zaratatsu
old - zaharra
powerful - indartsua
quiet - lasaiak
correct - zuzena
slow - motela

soft - biguna
very - oso
weak - ahula
wet - hezea
wrong - oker
young - gazte

Food - Elikadura

almonds - arbendola
bread - ogia
breakfast - gosaria
butter - gurina
candy - gozokia
cheese - gazta
chicken - oilaskoa
cumin - kuminoa
dessert - postrea
dinner - afaria
fish - arrainak
fruit - fruta
ice cream - izozkiak
lamb - bildotsa
lemon - limoi
lunch - bazkaria
meal - bazkaria
meat - haragia
oven - labea
pepper - piperra
plants - landareak
pork - txerri
salad - entsalada

salt - gatza
sandwich - sandwich
sausage - txistorra
soup - zopa
sugar - azukre
supper - afaria
turkey - indioilarra
apple - sagar
banana - banana
oranges - laranjak
peaches - melokotoiak
peanut - kakahuete
pears - udareak
pineapple - anana
grapes - mahatsak
strawberries - marrubiak
vegetables - barazkiak
carrot - azenario
corn - artoa
cucumber - luzokerra
garlic - baratxuri
lettuce - letxuga
olives - olibak
onions - tipulak
peppers - piperrak
potatoes - patatak
pumpkin - kalabaza
beans - babarrunak
tomatoes - tomateak

Animal World

alligator - kaimana
alligators - kaimanak
bear - hartza
bears - hartzak
bird - hegazti
birds - hegaztiak
bull - zezena
bulls - zezenak
cat - katua
cats - katuak
cow - behia
cows - behiak
deer - oreina
many deer - orein asko
dog - txakurra
dogs - txakurrak
donkey - astoa
donkeys - astoak
eagle - arrano
eagles - arranoak
elephant - elefante
elephants - elefanteak
giraffe - jirafa
giraffes - jirafak
goat - ahuntz
goats - ahuntzak
horse - zaldi
horses - zaldiak
lion - lehoi
lions - lehoiak
monkey - tximinoa
monkeys - tximinoak
mouse - sagua
mice - saguak
rabbit - untxia
rabbits - untxiak
snake - suge
snakes - sugeak
tiger - tigrea
tigers - tigreak
wolf - otsoa
wolves - otsoak

Objects
Objektuak

bathroom - komuna
bed - ohe
bedroom - logela
ceiling - sabaia
chair - aulkia
clothes - arropak
coat - berokia
cup - katilua
desk - idazmahaia
dress - jantzi
floor - solairua
fork - sardexka
furniture - altzariak
glass - beira
hat - txapela
house - Etxea
ink - tinta

jacket - jaka
kitchen - sukaldea
knife - labana
lamp - lanpara
letter - letra
map - mapa
newspaper - egunkaria
notebook - koadernoa
pants - prakak
paper - papera
pen - idazkortza
pencil - arkatza
pharmacy - farmazia
picture - argazkia
plate - platerra
refrigerator - hozkailu
restaurant - jatetxea
roof - teilatu
room - gela
rug - tapiza
scissors - guraizeak
shampoo - xanpua
shirt - alkondara
shoes - oinetakoak
soap - xaboia
socks - galtzerdiak
spoon - koilara
table - taula
toilet - garbigelak
toothbrush - hortz eskuila
toothpaste - hortzetako pasta
towel - eskuoihal
umbrella - aterki

underwear - barruko arropa
wall - horma
wallet - zorro
window - leiho
telephone - telefonoa
this - hau
that - hori
these - hauek
those - horiek

Questions

how? - nola?
what? - zer da?
who? - nor?
why? - zergatik?
where? - Non?

Different objects
Hainbat objektu

art - arte
bank - banku
beach - hondartza
book - liburua
by bicycle - bizikletaz
by bus - autobusez
by car - autoz
by train - trenez
cafe - kafea
country - herrialdea
desert - basamortua
dictionary - hiztegia
earth - lurra
flowers - loreak
football - futbola
forest - baso
game - joko
garden - lorategia
geography - geografia
history - historia
house - Etxea

island - uhartea
lake - lakua
library - liburutegia
math - matematika
moon - ilargia
mountain - mendia
movies - filmak
music - musika
ocean - ozeanoa
office - bulego
on foot - oinez
player - jokalaria
river - ibaia
science - zientzia
sea - itsasoa
sky - zerua
soccer - futbola
stars - izarrak
supermarket - supermerkatu
swimming pool - igerilekua
theater - antzerkia
tree - zuhaitz

The Weather
Eguraldia

bad weather - eguraldi txarra
cloudy - ostarteak
cold - hotza
cool - hotza
foggy - lainoa
hot - beroa
nice weather - eguraldi atsegina

pouring - ur txaparradak
rain - euria
raining - euria egiten ari da
snow - elurra
snowing - elurra egiten ari da
ice - izotz
sunny - eguzkitsua
windy - haizetsua
spring - udaberria
summer - uda
autumn - udazkena
winter - negua

Possessive Adjectives

mine - nire
your (familiar) - hire
your - zure
his, her, its - haren, bere
our - gure
your (plural) - zuen
 haien, beren - their

People - Pertsona

aunt - izeba
baby - haurra
brother - anaia
cousin - lehengusu
daughter - alaba
dentist - dentista
doctor - osagilea
father - aita
grandfather - aitona
grandmother - amona
husband - senarra
mother - ama
nephew - iloba
niece - iloba
nurse - erizaina
policeman - polizia
postman - postaria
professor - irakasle
son - semea
teacher - irakasle
uncle - osaba
wife - emaztea

Printed in Dunstable, United Kingdom